Rügen

Okt. 2009

Rügen

BERND SIEGMUND (TEXT)
THOMAS GRUNDNER (FOTOS)

HINSTORFF

Am Jasmunder Bodden

Rügen – Mythos in Öl

Herbst und Frühjahr sind die Zeit der Stürme. Häufig peitscht der Wind das Meer mit einer solchen Gewalt gegen die Kreidefelsen, dass der Aufprall bis ins Innere der Insel zu spüren ist. Wenn dann – nach dem Unwetter – der Himmel aufreißt und die Sonne erscheint, taucht sie die Landschaft in ein ganz besonderes Licht. Es hat seit jeher die Maler angezogen. Ihre Bilder haben Rügen berühmt gemacht.

Caspar David Friedrich (1774–1840), der Magier der Melancholie, war der Insel regelrecht verfallen. Das Liebesverhältnis zwischen den beiden begann 1801 und endete 1826 (ohne wirklich vorbei zu sein). In diesen 25 Jahren sah man den Greifswalder Maler immer wieder mit dem Skizzenbuch das Eiland durchstreifen. Er liebte den Anblick des sturmgepeitschten Meeres, den wütenden Regen, die Werkstatt von Blitz und Donner. Braute sich ein Gewitter über der Ostsee zusammen, so trieb es ihn hinaus ins Freie. Begeistert rief er (laut Ohrenzeugen) in den Wind: »Wie groß, wie mächtig, wie herrlich.«

Besonders die Ostküste der schluchtenreichen Halbinsel Jasmund hatte es ihm angetan. 117 Meter tief fällt hier das zerklüftete Land ins Meer. »Die stille Wildnis der Kreidegebirge und der Eichenwaldungen [...] waren im Sommer, noch mehr aber in der stürmischen Zeit des Spätherbstes und im angehenden Frühling, wenn auf dem Meer an der Küste das Eis brach, sein beständiger, sein liebster Aufenthalt. Er stand im Gewitter und bei Sturm auf den Klippen. In Stubbenkammer«, so berichtete sein Freund, der Philosoph und Theologe Heinrich von Schubert, »weilte er am öftesten, dort sahen ihn die Fischer manchmal mit Sorge um sein Leben [...] auf und zwischen den Zacken der Bergwand und ihren ins Meer hineinragenden Klippen herumklettern.«

Bei diesen halsbrecherischen Unternehmungen entstanden die Skizzen zu dem weltberühmten Gemälde »Kreidefelsen auf Rügen« (Öl, 1818). Ein Mann steht gedankenverloren am Rande des Steilufers und blickt hinaus aufs Meer. Ihm zu Füßen, direkt aus der Tiefe des Abgrunds, wachsen die spitzen Zacken des Kreidegebirges empor. In der Ferne dehnt sich weit und ewig die fischgraue See. Zwei weiße Segelboote ziehen einsam ihren Weg unter dem rötlich schimmernden Himmel. – Wem angesichts dieser schwermütigen Stimmung nicht weh ums Herz wird, der ist entweder blind oder Werbetexter von Beruf.

Als Friedrich 1818 das Bild malte, begann sein Stern schon zu verblassen. Der Hof in Berlin war verärgert über einige antifeudale Bemerkungen und kaufte keine Bilder mehr von ihm. Die Dresdner Akademie lehnte es ab, den Eigenbrötler zum ordentlichen Professor zu berufen. Goethe, der Gott in Weimar, zog sich verärgert ins Schneckenhaus zurück, weil es Friedrich unter seiner Würde hielt, ihm Wolkenbilder zu zeichnen. Und schließlich – als wäre dies alles nicht schon schlimm genug – machten ihm jüngere Maler den Ruf streitig. Ganz langsam begann die Öffentlichkeit, den verschrobenen Kauz zu vergessen. »Schade«, schrieb 1830 das »Morgenblatt für die gebildeten Stände«, »daß ein wirkliches Talent, wie doch Friedrich war, so durch Isolierung unterging.«

Kreideküste, Blick von der Victoriasicht auf den Königsstuhl

Victoriasicht

Umso glanzvoller war nach 1900 seine Auferstehung. Die Werke des wieder entdeckten »Poeten mit dem Pinsel« wurden zu gerahmten Heilsbotschaften. Das deutsche Gemüt, die treue Seele, ließ sich verzaubern von der Sinnlichkeit der Tuschezeichnungen und Ölgemälde, von der Bilderwelt aus Einsamkeit und Melancholie. Die Kreidefelsen wurden zu einer regelrechten Kult-Landschaft. Und sie sind es heute noch.

In Scharen setzen die Rügen-Süchtigen zur schönen Insel über, um den Friedrich-Blick zu suchen. Ist es der Königsstuhl in der Stubbenkammer? Sind es die Wissower Klinken? Wie Steinböcke springen sie durch die schroffen Kreidefelsen. Endlich! Mit der Victoria-Sicht scheint des Malers Perspektive gefunden. Irgendwo hier in der Kleinen Stubbenkammer muss Caspar David Friedrich gestanden und die Szenerie zu Papier gebracht haben. In seinem Dresdner Atelier geschah dann die Verklärung, an der heimischen Staffelei wurde der »Rügen-Mythos« in Öl geboren. – Wie aber sieht die Wirklichkeit aus?

Insel mit Nabelschnur

Ein frischer Wind hat die Wolkenberge der Nacht vom Himmel geblasen, nun liegt Deutschlands schönstes Seestück wie ein aufgeschlagenes Buch in der Sonne und verführt uns, in ihm zu lesen. Von der alten Bäderstraße beispielsweise, die von Altefähr über Garz nach Putbus führt und die von prächtigen Alleebäumen gesäumt ist. Vom »Rasenden Roland«, der kleinen Dampfbahn, die seit 110 Jahren gemächlich durch Rügens Bilderbuchlandschaft rollt. Von schönen Schlössern, schlichten Dorfkirchen und dem lieben Gott, der in sieben Tagen die Welt erschuf und sich dann, ein wenig abgearbeitet zwar und müde, in seinen gemütlichen Wolkensessel fallen ließ, um das Erdenrund aus höherer Warte zu betrachten.

Eigentlich war der alte Herr mit sich und seinem Werk zufrieden. Aber da er noch einige Gramm Mutterboden nebst Felsgestein übrig hatte, ließ er seine Augen kritisch über den blauen Planeten streifen. Er schaute von Ost nach West, von Nord nach Süd. Sein Blick fiel auf Australien, auf China, Mali und Nicaragua. Alles in Ordnung. Dann wanderte er die Ostseeküste entlang. Plötzlich stutzte der Herrscher über Himmel und Erden. Was war denn da los? Irgendetwas stimmte nicht an der Pommerschen Küste. Ein wenig ratlos runzelte Gott die Stirn. Schließlich nahm er das letzte bisschen Erde, das er noch hatte, und warf es ins Meer. Das Wasser spritzte auf bis zu den Wolken, für einen Augenblick nahm es ihm die Sicht, dann, als er sich die Augen trocken gerieben hatte, sah er das Malheur. Kurz vor der Festlandküste, in 54° 26' 40" nördlicher Breite und 13° 22' 44" östlicher Länge, waren die Erdbrocken ins Meer gefallen. Völlig planlos. Ohne Sinn und Verstand. Aber irgendwie gefiel dem Herrgott das Arrangement. Er strich zärt-

Kastanienallee bei Granitz

Seiten 10/11: Waldpark Semper

lich einige Strandpartien der Insel glatt, schärfte ein paar schroffe Felskonturen, und schon war das Werk vollbracht. Rügen war geboren.

Sollte sich die Geschichte wirklich so zugetragen haben, und nichts spricht dagegen, selbst der großartige norddeutsche Heimatdichter Fritz Reuter hat sie so (oder so ähnlich) zu Papier gebracht, dann ist Rügen, was wir alle schon geahnt haben: eine göttliche Insel. Und mit 926,4 Quadratkilometern die größte Deutschlands obendrein.

Bei einem so weiten Land kann es schon passieren, dass man die Insel betritt und postwendend vergisst, auf einer solchen zu sein. Allein zwischen den nördlichsten und den südlichsten Punkt der Landmasse passen 51,4 Kilometer, der Insel-Osten ist vom Insel-Westen 42,8 Kilometer weit entfernt. Der ehrgeizigste Hügel von Rügen, der Piekberg, reckt sich 161 Meter weit dem Himmel entgegen. Das Eiland besitzt 50 Kilometer Sand- und zirka 35 Kilometer naturbelassene Boddenstrände. Keine Stadt, kein Dorf liegt mehr als acht Kilometer vom Wasser entfernt. Wollte man Rügen umrunden, man müsste 574 Kilometer weit laufen. Die Küste der windigen Halbinsel Wittow entlang, die an ihrem Westrand nahezu unbewaldet ist. An Jasmund vorbei, dessen grüne Buchenwälder einen wunderbaren Kontrast zum Weiß der Kreidefelsen bilden. Um die Halbinsel Mönchgut herum, wo sich die unterschiedlichsten Landschaftsbilder auf engstem Raum begegnen, bis hin zu dem Landvorsprung Zudar. Und noch viele, viele Kilometer mehr. Das Rügenland ist so ausgefranst und zerrissen wie kein anderer Fixpunkt in der Ostsee sonst. Mal wächst es in sanften Schwingungen zusammen, dann wieder öffnet es sich weit, um kleinen Binnenmeeren Platz zu machen.

Berühmt-berüchtigt sind die gewaltigen Stürme, die vor Rügens Küste wüten. Unvergessen ist die Nacht vom 12. zum 13. November 1872, als eine riesige Flutwelle über die Insel schwappte und ganze Landstriche verwüstete. Doch auch der Sturm, der im April des Jahres 1825 tobte, war nicht von schlechten Eltern. Er spülte den Inselbewohnern einen seltenen Gast vor die Haustür, einen riesigen Walfisch.

Noch am Morgen danach war das Tier am Strand kaum auszumachen, da es sich durch »die hochgehende See und den Regen« ständig den Blicken Neugieriger entzog. Kaum hatte sich das Wetter gebessert, begannen auch schon »habgierige Fischer« damit, den Walfisch auszuweiden. »Als wir ankamen«, schrieb der Stralsunder Zoologe Karl Konrad Burmeister, hatten die Fischer »bereits ganze Boote voll Speck dem Thiere vom Rücken gehauen, und ein grosses Loch an letzterm bis in den Bauch von Mannes Tiefes gegraben, um, wie sie meinten, das Ungeheuer dadurch endlich zu tödten.«

Das »Ungeheuer« war ein junger Finnwal von 16 Metern Länge und zirka 10 Tonnen Gewicht. Das Skelett des Riesen hängt heute im Chor der Klosterkirche St. Katharinen zu Stralsund, die eigentlich gar keine Kirche mehr ist, sondern dem Deutschen Meeresmuseum als Ausstellungssaal dient.

Bei Samtens

Waase, Ummanz

Wildobstblüte bei Klein Zicker, Mönchgut

Im Gegensatz zur rauen Küste verstecken sich im Inneren der Insel verträumte Dörfer, romantische Täler und viel unberührte Natur. Die Luft riecht nach Landleben, gelbe Rapsfelder wechseln mit satten Wiesen. Knorrige Obstbäume stehen in der Landschaft, und auf grauen Moorflächen gedeihen wunderschöne Orchideen. Darunter so attraktive wie das Purpurknabenkraut, der Frauenschuh und das »Nackte Waldvögelein«.

Wie eine Spinne im Netz hockt Bergen, die heimliche Hauptstadt Rügens, in der Landmitte. Die kleine Gemeinde trägt ihren Namen zu Recht. Malerisch steigen die Straßen hügelab und hügelan. Viele der einfachen Bürgerhäuser, die am Straßenrand stehen, haben frisch gestrichene Fassaden. Am Marktplatz befindet sich das älteste Haus Rügens, der Dachbalken trägt die Jahreszahl 1538. Dahinter ragt St. Marien in den Inselhimmel. Über 800 Jahre ist die Kirche alt.

In der Nähe der Schoritzer Wiek kann man Kormorane beobachten, nimmersatte schwarze Fischräuber, deren Gefieder sanft wie Perlmutt in der Sonne schimmert. Bei Lancken-Granitz und Nobbin stehen geheimnisvolle Hünengräber in der Landschaft, von denen keiner weiß, wie sie zwischen die alten Buchen geraten sind, wer sie aufgestellt und was sie zu bedeuten haben. Tagelang kann man im Schatten der neolithischen Steinblöcke sitzen, ohne dass etwas passiert. Nur manchmal fliegen ein paar Möwen darüber hinweg und kreischen. Sonst ist alles still.

Bergen, Ernst-Moritz-Arndt-Turm

Bergen mit St. Marien

Seiten 18/19: Hügelgräber bei Rambin

Einsam wie ein großer grüner Stein liegt Rügen in der bewegten Ostsee. Nur noch fünf Mal am Tag ist das Eiland eine wirkliche Insel. Immer dann nämlich, wenn sich für jeweils zwanzig Minuten die Ziegelgrabenklappbrücke im Rügendamm hebt, um den wartenden Schiffen die Passage durch den Strelasund zu gewähren. Sobald sich die Brückenarme wieder senken, ist es vorbei mit der großen Freiheit. Und Rügen ist nur noch eine Insel mit Nabelschnur.

Seit 1936 verbindet der 2540 Meter lange Auto- und Eisenbahnstrang Festland und Insel. »Mir nichts dir nichts« kann man über den Rügendamm aufs Felsennest fahren. Planmäßig mit der Eisenbahn oder spontan mit dem Automobil. Ohne Piraten fürchten zu müssen, den Überfall nackter Wilder, ohne den geringsten Hauch eines Abenteuers (es sei denn, man betrachtet den alltäglichen Superstau vor dem Rügendamm als ein solches). Der Steg machte ein Verkehrssystem überflüssig, das aus einem ewigen Hin und Her bestand und den modernen Verkehrsanforderungen schon lange nicht mehr gewachsen war.

Jeder, der von Stralsund nach Rügen (und von da in die nordischen Länder) wollte, musste über den Strelasund. Wie ein Scharfrichter lag der für seine Launen berüchtigte Wassergraben vor den Reisenden. Da war es gut, dass es tapfere Fährleute gab, die all ihr Wissen und Können in die Waagschale warfen, um die geschätzte Kundschaft übers Wasser zu »tragen«. So wie einst Christopherus, der sich als Schutzheiliger der Pilger und Reisenden einen Namen gemacht hatte. 32 Seemänner teilten sich dieses Privileg. Eifersüchtig wachten sie über ihr einträgliches Monopol. Aber schon damals gab es Ärger mit der Arroganz selbstherrlicher Marktführer. Immer wieder beklagten sich empörte Kunden »über die Trägheit, Grobheit und Geldgier der Fährleute«.

Firmensitz der Gilde, die 1240 erstmals urkundlich erwähnt wurde, war übrigens Altefähr, der Ort »an der alten Fähre«. Auch heute noch hat man von ihm aus den schönsten Blick auf die Silhouette der Hansestadt Stralsund, die die Meerenge beherrscht und aus der rot und weiß die Kirchtürme leuchten.

Wie so eine »Ueberfahrt auf einem vier- oder sechsrudrigen« Boot vor sich ging, hat 1823 ein Augenzeuge für uns niedergeschrieben. Seiner Aussage zufolge übernahm die Position des Steuermanns gewöhnlich ein Passagier. Ihm riefen die Fährleute »den Ort zu, wohin dem Boote die Richtung gegeben werden soll. ›Up Parow – up dat geele Oever – up de beeden Möhlen‹ sind Zurufungen, die, je nachdem man von Stralsund nach Rügen, oder umgekehrt reiset, dem unkundigen Piloten häufig in die Ohren schallen. Der unerfahrene Steuermann hüte sich aber ja, beim Abrudern [...] einem der sogenannten Daillen oder einem der Pricken [...] so nahe zu kommen, daß gar das Boot an einem dieser Gegenstände streifet. Mit einer Tonne Bier an die Ruderer [...] muß er seine Ungeschicklichkeit büßen.« Irgendwie wird man den Verdacht nicht los, dass so manches Mal der gesunde Bierdurst das Kommando über den Kahn führte. Sozusagen als Erster nautischer Offizier.

Blick von Altefähr auf Stralsund

1856 änderte sich die Situation am Sund. Die technische Revolution kam nach Pommern und nahm in Form des ersten Raddampfers den Verkehr zwischen Stralsund und Altefähr auf. Er läutete das Ende des Ruderzeitalters ein.

Nur noch einmal machte die Gilde der Fährleute von sich reden. Das war im Jahr 1883, als die Deutsche Reichsbahn mit der »Prinz Heinrich« die erste Eisenbahnfähre auf dem Strelasund einsetzte. Das »Riesenschiff« konnte auf einen Schlag drei Eisenbahnwaggons und 250 Fahrgäste an Bord nehmen. Die Fährleute, in ihrer Existenz bedroht, baten einen Anwalt um Hilfe. Dr. Fabricius aus Stralsund nahm sich ihrer Sache an und verklagte den größten Aktionär der Reichsbahn auf Geschäftsschädigung: das Königreich Preußen.

Ganz Deutschland verfolgte den Kampf David gegen Goliath. Wetten wurden abgeschlossen, Stoßgebete gen Himmel gesandt, in Wirklichkeit setzte niemand auch nur einen Pfifferling auf die Fährleute. Doch das Wunder geschah. 1888 verlor Preußen den Prozess und musste 80 000 Mark Abfindung an die Gilde zahlen. Ein schöner Sieg. Und eine schöne Episode dazu. Doch auch sie konnte den Lauf der Weltgeschichte nicht aufhalten. Der großen Zeitmaschine gefiel es, die Fährleute untergehen zu lassen. Und die Eisenbahnschiffe mit dazu.

Im Sommer 2007 soll nun eine neue, vier Kilometer lange Brücke, die parallel zum bestehenden Damm verläuft, das Nadelöhr entlasten.

Die Stadt in Weiß

Kurz vor der blauen, tosenden See taucht wie aus dem Märchen Putbus auf, eine Stadt ganz in Weiß. Seit 1253 existiert der kleine Flecken auf der Landkarte. Als die Menschheit das erste Mal von ihm hörte, nannte er sich noch poetisch »pod hoz«. Das ist slawisch und heißt soviel wie »Siedlung unter dem Fliederbusch«. Im Schatten einer alten Burg lebten fleißige Handwerker, Fischer und Bauern. Ganz allmählich wuchs ein kleines Gemeinwesen daraus. 1371 wurde bereits ein »steinernes Haus« erwähnt, zweihundert Jahre später hatte es sich zu einem respektablen Schloss gemausert. Und genau in diesem lebte viele Sommer und Winter die Familie »von Putbus«, die mächtigsten Blaublütigen auf der Insel.

Ihr Besitz bestand aus mehr »als fünfzig Landgütern, teils großen Höfen, teils Kirchdörfern und anderen Dorfschaften, wozu viele kleinere Pertinenzen, Vorwerke, Holländereien, Mühlen, Ziegelbrennereien usw.« gehörten, die »an jährlichen Einkünften 16 000 bis 20 000 Reichstaler« abwarfen. Mit anderen Worten, die Herrschaft über Rügen war steinreich. Eine Tatsache, die nichts über den Grad ihrer Beliebtheit aussagt. Der einheimische Dichter und Freiheitskämpfer Ernst Moritz Arndt (1769–1860) jedenfalls schrieb über die »Pudbutzkes«, wie sie im Volksmund genannt wurden, dass sie »ein so schweres Zepter geführt« hätten, »das sehr viele, und zwar meist die schönsten und

Eichenallee im Schlosspark Putbus

rüstigsten Jünglinge zur See und zu Lande in die Fremde« trieb.

Zur Strafe starb eines schönen Tages der deutsche Zweig am Stammbaum der Familie aus. Nun wurde der dänische groß und mächtig. Zu ihm gehörte jener Wilhelm Malte I. (1783–1854), der als Provinzfürst so vermessen war, sich seine eigene Traumwelt zu erbauen.

Ehe Malte jedoch ans Werk ging, wollte er sich erst einmal an fremden Höfen ausprobieren, seine aristokratischen Umgangsformen verfeinern und seine Bildung vertiefen. In Frankreich studierte er die neuen politischen Ideen, in England Gartenbau und Wirtschaft, in Italien Kunst und Architektur. Er besuchte Goethe in Weimar und tanzte dort (angeblich) mit Schillers Witwe.

Als er endlich heimkam aus der großen, weiten Welt, konnte er sogleich seine neu erworbenen Fähigkeiten unter Beweis stellen. König Gustav IV. Adolf von Schweden, sein oberster Dienstherr, besuchte Rügen (bis 1815 Kolonie der Schweden) und war sehr angetan vom Charme des Grafen, seiner Kreativität und der weltmännischen Art, mit der Malte die Dinge des Lebens sah. So hatte sich Majestät einen pommerschen Junker nicht vorgestellt. Voller Anerkennung erhob er den Grafen in den schwedischen Fürstenstand. Nun benötigte Malte nur noch die dazu passende Residenz. Aber da hatte er schon klare Vorstellungen. Edel sollte sein Fürstensitz sein und weiß! Eine großzügige, nach klaren geometrischen Vorgaben gegliederte klassizistische Residenz. Mit repräsentativen Alleen und gepflasterten Straßen, mit Springbrunnen, Statuen und Stadtpalais. Umgeben von einem schönen alten Park.

1804 begann die Umgestaltung des barocken Lustgartens zum Landschaftspark in englischem Stil. Dazu ließ Malte in aller Herren Länder exotische Pflanzen einkaufen, darunter Tulpen- und Mammutbäume, Stachelfichten aus Japan, Missouri-Sumpfzypressen und syrische Goldeschen. Dann verwandelte er eine Kuhkoppel in ein acht Hektar großes Wildgehege für Rot- und Dammwild. Spezialität in ihm waren – wir kennen des Fürsten Leidenschaft – Albinos, weiße Hirsche. Mitten im Park stand das Schloss, von dem heute nur noch eine Freitreppe und die Pergola an der Ostseite des Schwanenteichs übrig ist. Das barocke Wohnhaus des Fürsten, das die Handschrift von Johann Gottfried Steinmeyer (um 1780–1851), Schwiegersohn des berühmten Schinkel, trug, wurde 1960 abgetragen. Angeblich hatte sich Schwamm in den adligen Hallen eingenistet.

Auf einer Wegachse hinter dem verschwundenen Schloss bekommen wir endlich auch den Mann zu Gesicht, der alles inszeniert hat, Wilhelm Malte I. Stolz und steinern steht er im Park. Friedrich Drake hat das Denkmal 1859 im Auftrag der Witwe geschaffen. Ein schlanker Offizier mit Schnauzer. Eng schnürt ihn die Uniform. Um den Körper hat er den Soldatenmantel geschlagen. Er dreht der Stadt den Rücken zu, dabei hatte dort alles mit einer Annonce in der »Stralsundischen« Zeitung vom 20. Oktober 1808

Linden und Bärlauchwiese im Schlosspark Putbus

Seiten 26/ 27: Putbus, Marktplatz

begonnen: »Sollten einige Handwerker, Tagelöhner und andere Genüge haben, sich hierselbst häuslich niederzulassen, so könnten ihnen Hausplätze unter annehmlichen Bedingungen angewiesen werden«, hieß es in der Anzeige. »Jedoch wird nur mit solchen Personen unterhandelt werden können, die hinlängliche Beweise eines ordentlichen und stillen Betragens beybringen können.«

Aha!

Bei einem so »großzügigen Angebot« müssten sich doch Interessenten en masse melden, sollte man meinen, aber nein, das Inserat war ein totaler Misserfolg. Nicht eine einzige müde Seele reagierte auf die fürstliche Einladung. Die Rügener dachten nicht im Traum daran, »ihrem Herrn« als Ziervolk zu dienen. Wenn Malte sich mit einem Stadtneubau selbst feiern wolle, bitte schön, aber ohne uns!

Enttäuscht (aber nicht entmutigt) ließ der Fürst erst einmal ab von seinem Plan, ohne ihn aufzugeben.

Es war aber auch starker Tobak, den Wilhelm Malte I. da seinem Volk zugemutet hatte. Nicht genug damit, dass alle Häuser der neuen Stadt weiß sein sollten, nein, er verlangte auch, sie jährlich einmal zu tünchen. Außerdem verbot er es, Küchenabfälle, Fäkalien und anderen Unrat auf die Straße zu werfen. Selbst gegen Schweine- und Hühnerställe hatte er etwas. Später, als die weiße Stadt gebaut war, ging Malte sogar gegen die Geschäftswelt vor. Einem Lebensmittelhändler untersagte er strikt, »Heringe, Tran und andere riechende Sachen« zu verkaufen. Stattdessen befahl er, Rosenstöcke vor die Häuser zu stellen. Und grün gestrichene Staketenzäune. Und einmal in der Woche sollten die Bürgersteige gefegt werden. Und die Häuser sollten alle gleich aussehen. Mit uniformierten Giebeln und einer einheitlichen Fensterfront. »So könnte dies die hübscheste Reihe Häuser von der Welt werden«, äußerte er einem Freund gegenüber.

Und sie wurde die hübscheste Reihe von der Welt (ein wenig Übertreibung gehört nun mal zum journalistischen Geschäft)! Wenn wir heute durch Putbus gehen, freuen wir uns über des kunstsinnigen Fürsten Hartnäckigkeit. Wir können uns nicht satt sehen an den Puppenstuben-Häusern, die mittlerweile in frischem Glanz erstrahlen.

Alle Gebäude, nein, die meisten, sind aufwändig restauriert. Der Circus ist der architektonische Mittelpunkt der Stadt. In den Jahren 1828 bis 1845 erbaut, ist der kreisrunde Platz wie eine Sahnetorte in acht Stückchen aufgeteilt. Diese rasenbewachsenen, baumgarnierten Kuchenteile laufen mit spitzem Winkel auf einen 21 Meter hohen Obelisken zu, der die Fürstenkrone trägt und an die Residenzgründung 1810 erinnert. 16 zwei- bis dreigeschossige Häuser säumen in artigem Kreis die Anlage. Aus weißen, klassizistischen Gesichtern sehen sie auf den großen, meist leeren Platz, dem das wirkliche Leben fehlt. Nur manchmal befleißigen sich Flaneure eines artigen Müßiggangs.

Städtebauliches Gegenstück zum Circus ist der Marktplatz. An diesem Ort allwöchentlichen Treibens befindet sich der frühere Treffpunkt »der feinen Welt«, das Putbuser Theater (1819–1821 von Wilhelm Steinbach erbaut).

Putbus, Blick vom Schlosspark zum Theater

Dem Haus, das heute von den Stralsunder, Schweriner und Rostocker Bühnen bespielt wird, sieht man nicht an, dass es einmal Mittelpunkt eines handfesten Theaterskandals war.

Hauptfigur der Kriminalposse war der Herr Direktor höchstselbst. Dieser gute Mann namens Pontak besaß die Stirn, erfolgreiche Stücke bekannter Autoren unter seinem Namen aufführen zu lassen. Aus der beliebten Komödie »Hasemanns Töchter«, die sich Adolf L'Arronge (der spätere Direktor des Deutschen Theaters zu Berlin) hatte einfallen lassen, machte Pontak beispielsweise das »Pensionat der Höheren Töchterschule«. Die Tantiemen wanderten in seine Tasche. Da Pontak sein Publikum durch die Bank weg für ausgemachte Trottel hielt, glaubte er fest daran, mit seinem Betrug durchzukommen. Und er schien Recht zu behalten, denn einige Wochen lang ging die Sache gut. Dann platzte die Bombe. Den Herrn der fürstlichen Kanzlei flatterte ein Brief des renommierten Berliner Bühnenverlages auf den Tisch. Verblüfft befragten die Beamten den Herrn Direktor, was es damit auf sich hätte. Der war empört. Dass die Welt voller Neider sei, habe er ja gewusst, aber dass man ihn in Berlin ob seiner Erfolge so sehr hasse ... Enttäuscht schüttelte er sein weises Haupt.

Mit spitzer Feder verbat sich daraufhin die »Fürstliche Kanzlei« jede weitere Einmischung aus Berlin. Humorlos übergab nun der Bühnenverlag die Sache einem Gericht. Der Skandal war perfekt. Und die Bühnenkarriere Pontaks zu Ende. Doch über ihn redete kein Mensch. Alles lachten sich eins ins Fäustchen über die Unbedarftheit der fürstlichen Beamten. Und die Moral von der Geschicht?

Sie hat keine. Ist eine Geschichte mit Unmoral. Und obendrein der schlagende Beweis für die These, dass manchmal nicht das Sein, wie Karl Marx formulierte, sondern der Schein das Bewusstsein bestimmt. Irgendwie passt das ganz gut zu Putbus.

Das Gut der Mönche

Binz, endlich Urlaub, der erste Tag. Ganz früh am Morgen gehen wir ans Meer. Der Wind schläft noch in den Wolken, und auch die Farben sind noch nicht erwacht. Träge bewegt sich die See und spült dünne Schaumlinien an den Strand. Wir atmen tief die salzige Luft. Es ist noch kühl. In der Ferne zieht ein Schiff seine Bahn, klein wie ein Spielzeug. Schön, die Stille zu genießen! Bald geht die Sonne auf und füllt den Strand mit fröhlichen Menschen. Wie immer wird dann die Luft nach Meerwasser riechen, nach Fisch und Sonnenöl.

Gelegen an einer der schönsten Buchten der Insel, der Prorer Wiek, ist Binz das größte Seebad Rügens. 1318 als Fischerdorf Bynze gegründet, zählt die sommerliche Urlauber-Großstadt im Winter nur rund 6 000 Einwohner. Eingepackt in die weitläufigen Waldgebiete der Schmalen Heide und der Granitz schmiegt sich der Ort im Westen an das Ufer des Schmachter Sees, im Osten stößt er ans Meer. Diese privilegierte Lage sorgt für ein gesundes Reizklima. Und für (wer-

Blick von Lauterbach zur Insel Vilm

Am Strand von Binz

Binz, Blick über den Strand zum Kurhaus

Seiten 34/35: Bäderarchitektur an der Strandpromenade in Binz

38
36
31

27
30
23
22

17
20
19
21
23
25

betechnisch gesehen) durchschnittlich gute 1872 Sonnenscheinstunden im Jahr.

Berühmt ist seit über hundert Jahren nicht nur der breite, feine Sandstrand, sondern auch die besondere Häuserkultur. So ein Ruf verpflichtet. Deshalb trafen sich bald nach der Wende die Binzer Hausbesitzer, die vielen neuen aus den alten und die wenigen alten aus den neuen Bundesländern, um dem schmucken Ort neuen Glanz zu verleihen. Das war schon einmal geglückt. Rund 120 Jahren zuvor bemühte sich die von den Gebrüdern Sommerfeld aus Berlin gegründete »Actiengesellschaft Ostseebad Binz« mit Erfolg, Millionen von Reichsmark positiv in den Sand zu setzen. Das schöne Ergebnis sieht man heute noch.

Kein anderes Seebad an der deutschen Ostseeküste kann sich eines so gut erhaltenen Ensembles schönster Bäderarchitektur rühmen. Auf Schritt und Tritt entdeckt man an den weißen Häusern verspielte Jugendstilornamente, raffiniertes Schnitzwerk, Loggien, Erker, Veranden, Türmchen, Säulen und Balkone aus Holz und Metall. Wie an einer Perlenkette zieren edle Villen die 3,2 Kilometer lange Strandpromenade, deren Mittelpunkt das mit viel Aufwand im Glanz der zwanziger Jahre restaurierte Kurhaus ist. Und natürlich hat Binz eine Seebrücke.

Aber die hat Sellin auch. Nur wenige Kilometer von Binz entfernt thront der kleine Badeort (2 900 Einwohner) auf dem Hochufer östlich der Granitz. Der »Kudamm von Sellin«, die rekonstruierte Wilhelmstraße, 1896 auf »Anregung« des Fürsten von und zu Putbus erbaut, gibt sich bunt, modern und selbstbewusst. Trotzdem ist in ihr der Atem vergangener Tage zu spüren. Und das ist auch gut so.

Am Ende des vornehmen Boulevards führt eine steile Treppe hinab zur Seebrücke. Sie galt lange Zeit als die prachtvollste Rügens. Ihr Bau war nötig gewesen, da sich die schroffe Steilküste den Gästen widersetzte, die mit dem Dampfer nach Sellin kamen. Schon bei gutem Wetter war es ein seemännisches Kunststück, das Boot ruhig in Wind und Wellen zu halten, um den Passagieren den gefahrlosen Umstieg in ein Beiboot, das sie an Land brachte, zu ermöglichen. Am knappen, mit großen Steinen besetzten Ufer wartete dann die so genannte Himmelsleiter auf sie. 99 Stufen mussten die Gäste überwinden, um zur Stadt hoch zu steigen. 1900 dann kam es bei schwerer See zu einem folgenschweren Unglück, bei dem mehrere Passagiere den Tod fanden. Obwohl der Dampfer wie eine Nussschale auf den Wellen tanzte, versuchte der Kapitän, die Passagiere auf gewohnte Art an Land zu bringen. Dabei geschah die Katastrophe. Mit ihr wuchs die Erkenntnis: Ein Landungssteg musste her, an dem der Dampfer sicher anlegen konnte. So entstand 1906 die Seebrücke, die schon bald zum Wahrzeichen avancierte.

Leider war ihr kein allzu glückliches Leben beschieden. 1924 und 1942 wurde sie schwer verletzt, als sich Eisschollen an ihr rieben, Wind und Wetter setzten ihr zu, und auch der Zahn der Zeit ließ sie nicht ungeschoren. Nach dem Krieg dann, im realen Sozialismus ohne Rostschutz und Farbe, waren ihre Kraftreserven schnell erschöpft. Die Seebrü-

Am Strand von Binz

Sellin, Seebrücke

Bäderarchitektur in Sellin

Blick von Mönchgut zum Jagdschloss Granitz

Blick vom Jagdschloss Granitz Richtung Mönchgut

Onkel
Max

cke wurde schwach und schwächer. 1978 brach sie vollends zusammen. Die traurige Diagnose lautete: totale Zerrüttung.

Umso herzlicher wurde 1998 der Neubau gefeiert. Fast 400 Meter sticht die Seebrücke nun wieder hinein in See. Stolz trägt sie zwei Restaurants auf ihrem Rücken, den »Palmengarten« und den nostalgischen »Kaiserpavillon«. Sie passen gut zum noblen Laufsteg, auf dem bei schönem Wetter die Damenwelt gern ihre gewagten Hüte und tiefen Dekolletees spazieren trägt.

Binz! Sellin! Nun Baabe! Kiefernwald, Wiesen, Felder, Dünen, Meer und Wind kreisen den Ort ein, dessen Erscheinungsbild von anheimelnden Fischerkaten geprägt wird. Die Menschen in Baabe leben seit alters von der Bauernfischerei. Wie der Name schon sagt, waren die Fischer Bauern und die Bauern Fischer. Doch manchmal reichte selbst dieses Doppel nicht zum Leben. Heute gehen nur noch sechs Männer auf Fischfang. Gewöhnlich werden die Heringe, Aale, Zander, Flundern und Dorsche frisch vom Boot herab verkauft. Der Rest der Seebewohner wird – hmmm – geräuchert.

Diese Veredelung ist mindestens seit dem 17. Jahrhundert bekannt. »Die Küche war dergestalt voll Rauch, daß wir kein Auge darin öffnen konnten«, schrieb 1795 ein Augenzeuge. Räucherfisch galt schon immer als eine Delikatesse.

In der Woche dagegen gab es bei den Mönchguter Bauernfischern gewöhnlich Kohl. Dazu wurde Buchweizengrütze gereicht und etwas Pökelfleisch. Anderes Gemüse war nicht bekannt. »Grönfauder ät wi nich«, hieß es stolz, Grünfutter essen wir nicht. Zu den Mahlzeiten versammelten sich die Bauernfamilie und das Gesinde um den großen Tisch in der Döns, der beheizbaren Stube. Die Kinder mussten beim Essen stehen. Gegessen wurde von Holztellern oder aus einer großen Schüssel. Die Holzlöffel leckte man nach dem Gebrauch sauber ab und steckte sie zurück in die Leder-Ösen am Tisch. Die Messer verschwanden bei den Männern im Stiefelschaft, bei den Frauen im Brustlatz. Zur Nacht gab es Salzhering mit Pellkartoffeln und Gerstensuppe.

Bei Moritzdorf

Diese und ähnlich schöne Speisen zieren auch heute noch die Speisekarte eines traditionsreichen Ausfluglokals im Mönchgut, der »Moritzburg«. Um das Etablissement zu erreichen, braucht man sich nur vom letzten Fährmann der Insel über die Baaber Bek rudern lassen, einem schmalen Wasserarm. Wenige Minuten dauert es von Baabe ins kleine, denkmalgeschützte Moritzdorf. Das Lokal liegt auf dem Hochufer, eine 37 Meter lange Holztreppe führt da hinauf. Oben gibt es Seedorfer Rollmöpse, Rügener Aalsuppe und einen grandiosen Blick über das Mönchgut. Von den Granitzer Höhen zum Selliner See, von der Baaber Heide bis nach Göhren, das heute kaum wieder zu erkennen ist

Anziehungspunkt des Ortes ist wie eh und je der sieben Kilometer lange Sandstrand mit Uferpromenade und Konzertmuschel. Berühmte Gäste haben hier schon den schmachtenden Klängen der Kurkapelle gelauscht: so die Maler Adolph Menzel und Lyonel Feiniger, der »Urwalddoktor«

Albert Schweitzer und Wilhelm Pieck, der erste Staatspräsident der DDR.

Das Mönchgut-Museum, dessen Gebäude über ganz Göhren verteilt sind, erzählt von der untergegangenen Kultur der Mönchguter Bevölkerung, ihrem Leben, ihren Trachten, Tänzen, ihrer Einsamkeit und Isolation. In einem Fachwerkhaus ist eine original Fischerwohnstube untergebracht, im »Rookhus«, in der Räucherkammer, steht das Arbeitszeug der Fischer, die schwarze Küche hat den Rauch der Jahrhunderte angenommen.

Das Mönchgut gehörte einst, wie der Name schon sagt, den Mönchen. 1252 hatte es Jaromar II., der christliche Rügenfürst slawischer Abstammung, an das Zisterzienserkloster Eldena bei Greifswald verkauft. Bis 1316 erwarben die Mönche die gesamte Halbinsel dazu (weiß der Teufel, wie sie das gemacht haben) und besiedelten das Mönchsland mit Bauern aus Niedersachsen, die sich ihre Dörfer nach heimischem Vorbild bauten und ihr eigenes Brauchtum pflegten.

Ein »Mönchsgraben«, der bei Baabe begann und sich quer durch die Landschaft zog, trennte das katholische Gut der Mönche vom slawischen Rest der Insel. Ihr Dienst an Gott verbot den frommen Männern alle weltlichen Kontakte, jede Nähe zur Außenwelt musste vom Kloster genehmigt werden. Erst nach der Reformation öffnete sich die Geheime Verschlusssache Mönchgut, und man erfuhr mehr über das Leben der Menschen.

Pfarrwitwenhaus in Groß Zicker

So seltsam und einzigartig die Lebensumstände auf dem Mönchgut, so bizarr ist auch das Bild der Natur. In der Nähe von Göhren beispielsweise ist die Küste mit riesigen Felsbrocken übersät, so, als hätten hier die Götter mit Murmeln gespielt. Noch vor dem Nordperd, dem östlichsten Punkt Rügens, taucht der »Buhskam« auf, der größte Findling der Ostseeküste. Dieser sagenhafte Stein hat einen Umfang von vierzig Metern, ist 1600 Tonnen schwer und ragt einen Meter aus dem Wasser heraus. Früher zelebrierten Hochzeitspaare eine Art Fruchtbarkeitstanz auf ihm. Natürlich glauben wir aufgeklärten, modernen Menschen nicht mehr an diese alten Bräuche. Aber seltsam ist schon, dass es damals genug Kinder gab, während wir heute über das Aussterben von uns Deutschen nachdenken. Vielleicht sollten wir die alten Tänze doch wieder aufleben lassen?!

Vom 66 Meter hohen, von hungrigen Schafen kahl gefressenen Bakenberg fällt der Blick auf geheimnisvolle Großsteingräber, slawische Burgwälle, christliche Feldsteinkirchen und auf Groß Zicker.

In dieses kleine, 800 Jahre alte Dorf kommen die Fremden, um den »Zuckerhut« zu bewundern, ein 1723 erbautes, weiß getünchtes Haus, das von einem wilden, urwüchsigen Bauerngarten umgeben ist. Dieses Gebäude, das so genannte Pfarrwitwenhaus, ist mit seinem quadratischen Grundriss und dem spitzen, zuckerhutähnlichen Reetdach der älteste Haustyp auf Rügen.

Vom Zuckerhut ist es nicht weit zum Nonnenloch. Ein einsamer Strandabschnitt an der Zickerschen Höft trägt diesen seltsamen Namen. Hier sollen sich im Mittelalter die

Wissower Klinken vor ihrem Abbruch

Wissower Klinken nach dem Abbruch im Februar 2005

Bergener Nonnen mit den Mönchen aus Eldena getroffen haben. Zum verschwiegenen Tête-à-Tête. Sagt man. Aber es gibt keine Beweise. Wenn überhaupt etwas für diese Behauptung spricht, dann ist es die oft verdrängte Tatsache, dass auch Mönche nur Männer sind. Und Nonnen Frauen. Manchmal vergisst man das.

Die kreidebleiche Küste – Jasmund und Wittow

Auch von See her ist die kreidebleiche Küste der Halbinsel Jasmund atemberaubend schön. Unter der steil aufragenden, von gesunden Buchenwäldern gekrönten Wand brandet die weißgraue Gischt. Da, wo das Wasser an die Felsen reicht, sieht es aus, als wäre die Welt im Rohzustand. Am Ufersaum liegt die versteinerte Zeit. Man kann sie gut unter dem Mikroskop betrachten. Armfüßler, Kiesel- und Kalkschwämme, kleine Einzeller, Seeigel (oder deren Reste), Belemniten, tintenfischähnliche Tiere, die der Volksmund »Donnerkeile« nennt. Immer wieder stößt man hier unten auf natürliche Barrieren aus Treibholz, Algen, Tang und Muscheln. Hunderte Seeschwalben nisten im Fels.

In diese heile, siebzig Millionen Jahre alte Kreidewelt, platzte im Februar 2005 die Nachricht, dass zwei bis zu zwanzig Meter hohe Hauptzinnen der berühmten Wissower Klinken über Nacht abgebrochen und in die Ostsee gefallen seien. 50 000 Kubikmeter Kreide! Feines, körniges Kalziumkarbonat, schneeweiß; die letzte Eiszeit hatte die Kreide aus der Erdtiefe emporgehoben und sie zu einem schönen, landschaftsprägenden Gebirge gefaltet.

Rügen hat ein Wahrzeichen verloren, titelten die Tageszeitungen bestürzt! Pessimisten sahen den Weltuntergang kommen. Vehement forderten sie die Landesregierung auf, die Kreideküste weiträumig für den Tourismus zu sperren. Die Lage beruhigte sich erst, als Forscher den Abbruch wissenschaftlich erklärten. Vor allem im Winter, so argumentierten sie, komme es immer wieder zu solch spektakulären Abgängen. Schnee- und Regenwasser gefriert, die Eiskristalle drücken auf die Kreide, und rumms, schon stürzt ein Kliff in die baltische See. Dort löst das Salzwasser die Kreide auf und macht eine leichte Kalkbrühe daraus. Die wird dann vom Meer ins Meer hinausgetragen.

Der Winter ist an der Ostsee sowieso eine seltsam schöne Zeit. Zu den meteorologischen Tatsachen (soweit es solche überhaupt gibt) gehört, dass er immer dann besonders hart wird, wenn die Tür zum sibirischen Kühlschrank lange offen steht und schon im November Eisschollen auf der Oder zur Ostsee treiben. Dieses Phänomen gab es beispielsweise 1998. Und 2002. Aber Bange machen gilt nicht. Sibirische Winter sind in unseren Breiten eine Seltenheit. Seit 1897, dem Beginn der lückenlosen Wetterstatistik, wurden an der Ostsee gerade mal sieben Eiswinter gezählt: 1929, 1940, 1942, 1947, 1963, 1982 und 1996. Den »Ehrentitel« Eiswinter bekommt übrigens nur verliehen, wer es als solcher auf mindestens 90 Tage Frost gebracht hat.

Eisstrukturen an der Kreideküste

Hat aber Väterchen Frost die baltische See erst erobert, dann bietet das frierende Meer seinen Liebhabern ein Naturschauspiel par excellence. 1996 drängten sich Tausende Menschen vor der wildzerklüfteten Küste Rügens, um das bizarre Chaos zu bestaunen, das der berühmte Regisseur Winter aus der Ostsee geformt hatte.

Vom Wetter unabhängig dagegen ist das Naturschauspiel, das die Feuersteinfelder auf der Schmalen Heide dem Betrachter bieten. Milliarden grauer, weißer und schwarzer Feuersteine liegen da, zu langen Wällen aufgetürmt. Nackt und bloß buckeln sich die 2 000 Meter langen, 200 Meter breiten und bis zu einem Meter hohen Geröllrücken. 14 Wälle liegen hintereinander. Noch immer rätseln die Fachleute, woher das »steinerne Meer« gekommen ist. Man vermutet, dass die Steine vor zirka 4 000 Jahren aus den Kreidefelsen abgetragen und von einer Sturmflut hierher gebracht wurden.

Einige Kilometer weiter beginnt Sassnitz, eine Stadt, deren Blüte über ein Jahrhundert zurück liegt. Die privilegierte Lage der einst so schönen Gemeinde am Rande der Kreideküste bescherte ihr einen frühen Ruhm als Badeort. Hier war die große Welt zu Gast. Zweimal wöchentlich erschien der »Bade-Courier für Saßnitz und Crampas«, in dem eine »Bade-Liste« lag, in der alle Gäste mit Namen, Beruf, Herkunft, Anreisedatum und Quartiergeber aufgeführt waren: Fabrikanten, bekannte Künstler, Wissenschaftler, Offiziere. Die Familie Gousseff reiste aus Berlin mit 36 Koffern an, »deren Inhalt die Damen notwendig zu gebrauchen vermeinten«. Und mit einem Piano! Für den Herrn Papa.

1876 verbrachte auch Johannes Brahms drei Monate in Sassnitz. Er trank »so manches Glas Pilsner«, ging auf Flundernfang und komponierte den letzten Satz seiner ersten Sinfonie. Der Dichter Theodor Fontane stellte in seinem Roman »Effi Briest« sogar die Behauptung auf: »Nach Rügen fahren heißt nach Sassnitz reisen.« Und wirklich, die Stadt mit der 1897 fertig gestellten, anderthalb Kilometer langen Mole sowie den Strandbädern am offenen Meer bot alles, was man von einer Sommerfrische erwarten konnte. Als im Juli 1909 auch noch Kaiser Wilhelm II. und der schwedische König Gustav V. den Fährbetrieb von Sassnitz nach Schweden, die Königslinie, eröffneten, war das Glück perfekt.

Niemand glaubte, dass sich der Zustand je ändern würde. Doch erstens kommt es anders, und zweitens als man denkt. Langsam aber sicher eroberten die Bäder in Binz und Sellin, in Thiessow und Göhren die Sommergäste. Und in Sassnitz versiegte ganz sanft der Besucherstrom.

Nur einmal noch machte die Stadt von sich reden, am 12. April des Jahres 1917. Da hielt ein Zug im Bahnhof von Sassnitz, der aus der Schweiz kam und der einen geheimnisvollen Salonwagen hinter sich herzog. Wie wir heute wissen, befand sich in dem Waggon eine höchst explosive Fracht: Revolutionäre für Russland! Männer, die den Zaren stürzen wollten. Der berühmteste unter ihnen hieß Wladimir Iljitsch Uljanow, genannt »Lenin«. Bis 1990 stand ein Nachbau dieses gefährlichen Waggons am Bahnhof und hul-

Sassnitz

DIOSCURA

Buchenwald an den Wissower Klinken

Bei den Wissower Klinken

digte der Revolution. Nach der Wende wurde er still und leise als Geschichtsmüll entsorgt.

Kurz hinter den letzten Häusern von Sassnitz führt die »Piratenschlucht« direkt hinauf auf die Kreidefelsen. Bis zum berühmten Königsstuhl sind es entlang des Hochuferweges gut neun Kilometer. Jenseits der Trasse liegt ein Walddickicht »aus Dutzenden von Gesträuchen, Buchen, Eschen, wilden Kirschen, Holzapfel, Hasel, Weißdorn, Weiden und Wacholder; Ranken von Efeu, von Hopfen; Dorngestrüpp wilder Rosen und Brombeeren, verfilzt mit den Stämmen und Wurzelgewirren abgestürzter Bäume; dazwischen Farnwälder und ganze Haine aus mannshohem feinblättrigen Schachtelhalm; am Bachrand auch Luftwurzeln, die vom Wasser ausgewaschen wurden, bemooste Felsblöcke, nackte Kreide, ockergelb verfärbt [...].« Dieser Beschreibung von Wolfgang Rudolph aus dem Jahre 1953 ist nichts hinzuzufügen. Heute sieht der Wald nicht anders aus.

Den ersten Höhepunkt der Wanderung bringen die Wissower Klinken – oder was von ihnen übrig ist. Danach taucht schon die Ernst-Moritz-Arndt-Sicht auf. Dann kommt die Victoria-Sicht. Und schließlich der Königsstuhl! Ein 200 Quadratmeter großer Felsvorsprung, auf dem 1715 Carl VIII., der schwedische König, gesessen und einer Seeschlacht zugeschaut haben soll, die zwischen seiner und der dänischen Flotte tobte. Heute besuchen jährlich mindestens 400 000 Menschen den Königsstuhl. Selbst ohne Aussicht auf ein kriegerisches Scharmützel!

Nicht weit von dem königlichen Plateau entfernt liegt im Waldesdunkel der elf Meter tiefe Herthasee. Eine Sage berichtet, dass sich hier die Kultstätte der altgermanischen Göttin Hertha, der Erdmutter, befunden haben soll. Einmal im Jahr, so heißt es, wäre sie mit ihren Priestern in den düsteren Wald gegangen, um das Fest der Fruchtbarkeit zu feiern. Leider wissen wir nicht viel über dieses Ritual, da kein gewöhnlicher Sterblicher der Göttin beim Bade zuschauen durfte. Alle Diener wurden nach getaner Arbeit ertränkt.

Selbst die Slawen, die einst die Herthaburg, die an der Ostseite des Sees stand (und deren Reste noch heute zu erkennen sind), bewohnten, haben uns keine zweckdienlichen Hinweise zur Aufklärung der Götter-Affäre hinterlassen. Ein Opferstein mit Blutrinne, der in der Nähe der Burg steht, lässt allerdings tief blicken. Schon Effi Briest erschauderte vor ihm. Zumindest in Fontanes berühmten Roman.

Kurz vor der Schaabe, der engen Landverbindung zwischen Jasmund und Wittow, liegt Schloss Spyker, das berühmte »Gräfliche Haus«. Die schwedische Königin Christine hatte es 1648, am Ende des Dreißigjährigen Krieges, ihrem Feldmarschall, dem berühmten Grafen Karl Gustav von Wrangel, geschenkt. Solche Liebesgaben zeugen von Stil. Und auch das Schloss selbst hat Größe, trug den »Stempel des Geistes, der sich nicht mit einem allzu beschränkten Spielraum zu begnügen gewohnt war«. »Alle Zimmer«, so wissen wir von Johann Friedrich Zöllner, der Spyker 1795 besuchte, »sind von einer sehr beträchtlichen Höhe und Größe [...]. Aus jedem Fenster hat man eine andere und

Herthasee

Bobbin

Schloss Spyker

Kap Arkona

Tromper Wieck nahe Kap Arkona

immer schöne Aussicht. Aus der Hauptseite zeigt sich das Binnenwasser zwischen Jasmund und Rügen, an dessen Ufer das Schloß liegt; über demselben die Landenge, die nach Wittow führt, dann die Tromper Wiek, und zur Linken Gebirge, Wälder und Fluren. Aus der östlichen Reihe hat man Bobbin zur Perspective [...].«

Nach Spyker nähern wir uns langsam aber sicher dem windigen Norden, auf Kap Arkona endet die Inselwelt. Zwei Leuchttürme stehen hier. Der viereckige, klassizistische Leuchtturm, der aus 19 Metern Höhe aufs Meer hinausschaut, wurde 1825 nach Plänen von Karl Friedrich Schinkel erbaut, der andere, der höhere, stammt aus dem Jahre 1902. Sein elektrisches Blinkfeuer ist noch in 40 Kilometern Entfernung zu sehen.

Nur wenige Kilometer entfernt von den Feuertürmen liegt Altenkirchen, ein »wohlgebautes« Dorf. Das berühmteste Gebäude in ihm ist die dreischiffige romanische Basilika aus dem Jahre 1200. Der freistehende, hölzerne Glockenturm wurde der Kirche erst 1670 hinzugefügt. Die Basilika gehört zu den ältesten Backsteingebäuden im gesamten Ostseeraum.

Auf dem Friedhof der Kirche finden wir das Grab von Ludwig Gotthard Kosegarten (1758–1818), des Pfarrers von Altenkirchen. Der Prediger, Dichter und Geschichtsprofessor war schon zu Lebzeiten ein berühmter Mann. Er stand mit Schiller und Herder in Briefwechsel, schickte Goethe Versteinerungen und Mineralproben, verkehrte mit Wilhelm von Humboldt und dem Philosophen Schleiermacher. Zu seiner Gemeinde gehörte auch das kleine Fischerdörfchen Vitt, das in einer tiefen Uferschlucht unterhalb von Putgarten liegt. Eine Handvoll reetgedeckter Häuser verteilen sich hier auf engstem Raum. Über ihnen steht eine schlichte, weißgetünchte Kapelle auf der Steilküste.

Vitt war im Mittelalter ein wichtiger Heringshandelsplatz. Direkt am Strand wurde der Fang gereinigt, gesalzen und verpackt. Das Erscheinen der Heringsschwärme im Herbst löste unter den Vittern stets hektische Aktivitäten aus. »Alle Mann in die Boote« hieß es dann. Da blieb keine Zeit mehr für den Kirchgang nach Altenkirchen. Damit die Fischer nicht ohne Gottes Wort aufs Meer hinaus mussten, kam Pfarrer Kosegarten zu ihnen an den Strand und predigte unter freiem Himmel. In der Uferpredigt im Herbst 1794 rief er den Fischern zu: »Wenn Wog' auf Woge grollend und schäumend daher sich wälzet, wenn auf den Dünen unseres Strandes die tosende Brandung schellend zerschillt, so huldigen wir staunend und schweigend dem großen Geist, dessen Odem diesen Aufruhr weckte und dessen leisester Hauch ihn wieder beschwichtigt. – Nein, wahrlich, diese unsere einfache Heimat ist nicht die verächtlichste unter den menschenernährenden Strichen. Hier wollen wir wohnen. Hier wollen wir bleiben. ›Hier sei unsere Ruhe ewiglich. Denn es gefällt uns wohl.‹«

Dorfkirche in Altenkirchen

Kapelle in Vitt

Vitt

Titelbild: So genannte Caspar-David-Friedrich-Sicht an der Kreideküste
Rücktitel: Der »Rasende Roland« nahe dem Haltepunkt Garftitz
Frontispiz: Märchenwald Schwarbe

Bibliographische Information Der Deutschen Bibliothek:
Die Deutsche Bibliothek verzeichnet diese Publikation in der Deutschen Nationalbibliographie; detaillierte bibliographische Daten sind im Internet über http://dnb.ddb.de abrufbar.

Lagerstraße 7, 18055 Rostock
Tel. 03 81 / 49 69 – 0
Internet: http://www.hinstorff.de

1. Auflage 2006

Herstellung: Hinstorff Verlag GmbH
Lektorat: Thomas Gallien
Druck und Bindung: Westermann Druck Zwickau GmbH
Printed in Germany
ISBN 3-356-01125-1